This book
belongs to:

mandala 1

mandala 2

mandala 3

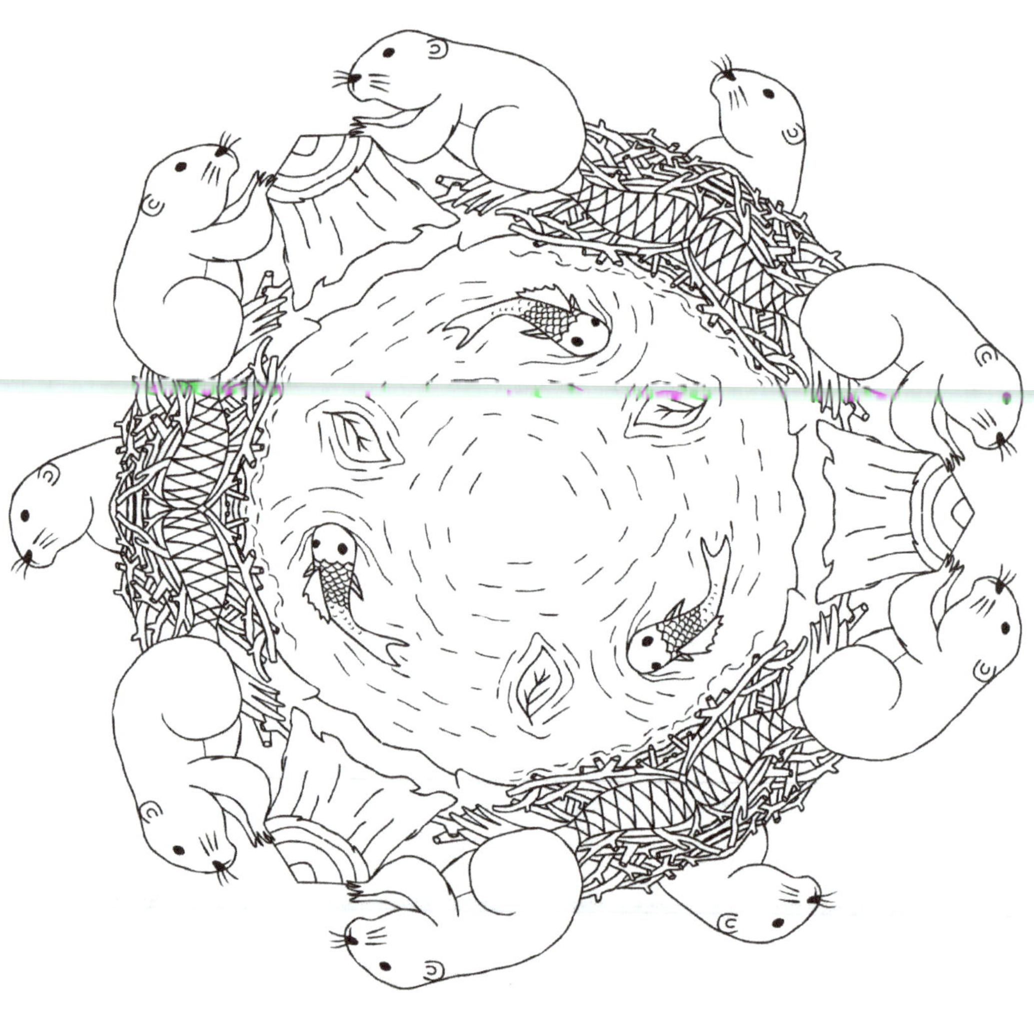

mandala 4

mandala 5

mandala 6

mandala 7

mandala 8

mandala 9

mandala 10

mandala 11

mandala 12

mandala 13

mandala 14

mandala 15

mandala 16

mandala17

mandala 18

mandala19

mandala 20

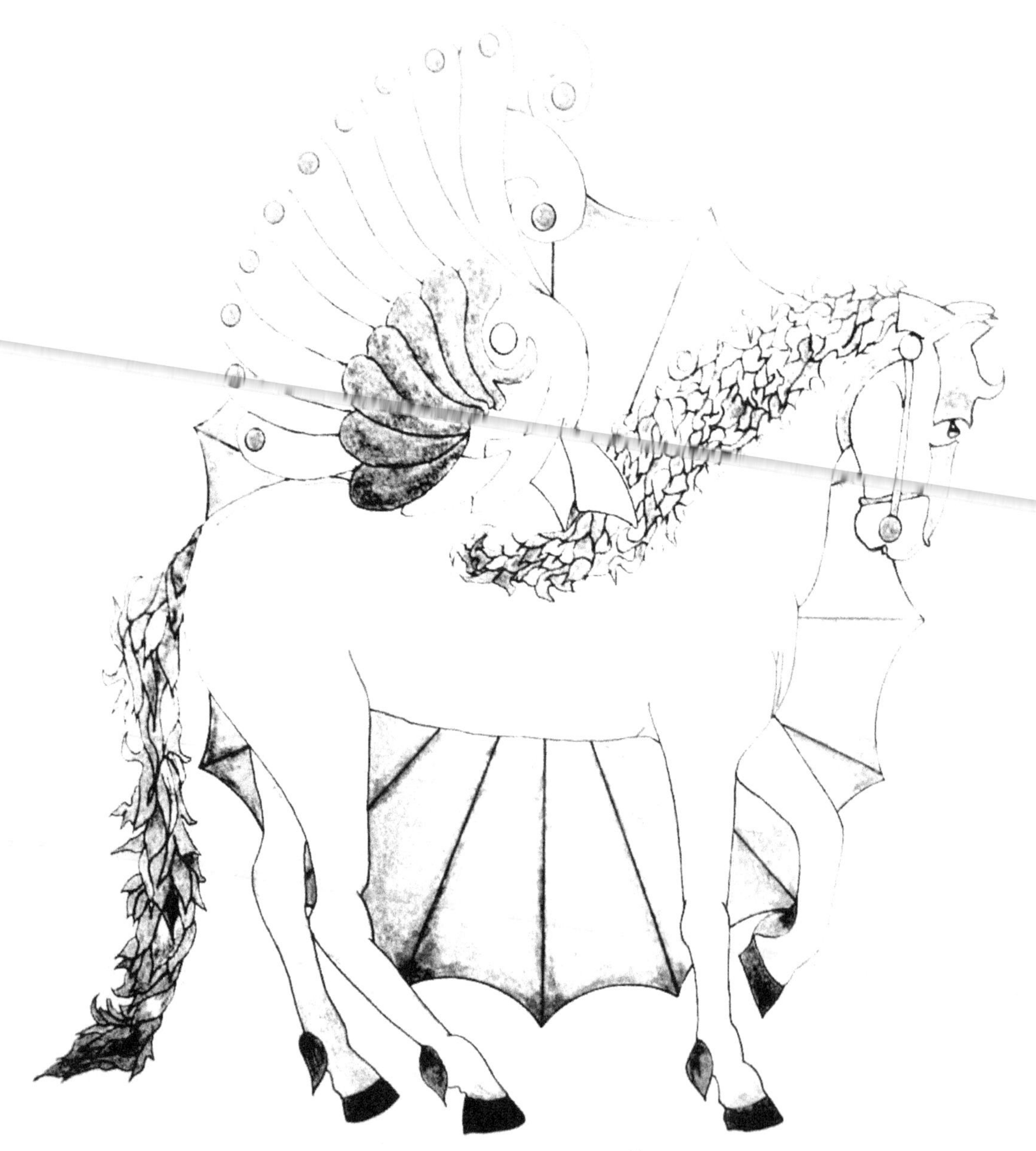

mandala 21

mandala 22

mandala 23

mandala 24

mandala 25

mandala 26

mandala 27

mandala 28

mandala 29

mandala 30